慧目山 歸去來辭

정송전 시집

* 휘호 : 曉山 이필우
* 시인 · 서화작가
* 대한민국 서예대전 특선 2회
* 효산 서예학원 원장
* 한국문인협회 시서화진흥위원장

을지출판공사

■ 자서自序

  나는 내 시집 『내 이렇게 살다가』의 자서에 다음과 같이 적은 적이 있다.
  '나의 여정은 분명 저녁나절쯤이지만 나의 시는 아직 새벽이다. 그래서 하염없이 회한에 젖는다'
  60여 년에 이르는 시력詩歷이 곧 커다란 뉘우침이며 한탄이라고 치부하는 내 시에 시집 제목을 '혜목산 귀거래사'라고 써 놓고 들녘 허수아비같이 뒤돌아본다.
  세상에 살아 있는 모든 것은 저마다 삶을 영위해 가는 길이 있는데 그 길은 대체로 '험난'으로 일컬어진다. 밤길이든 눈길이든 산길이든 어느 길 하나 험하지 않은 길이 없다.
  길은 항상 출발하고도 항상 도착하고는 한다. 이것이 곧 삶의 시작이요 끝이다. 그런데 이 시작과 끝에는 "기다림"이라는 또 하나의 지루하고 끈질긴 과정이 똬리를 틀고 있다. 이것은 돌이킬 수 없는 삶의 고통이요 희열이 된다.
  스스로 자신을, 또는 자신이 시가 절절한 삶의 위무가 될 때를 기다린다. 그리고 삶의 따뜻한 중심에 이르기를 희망한다. 숨차게 달려와 따뜻한 모서리를 돌아 나올 때까지 나의 시·나의 문학의 길 역시 그 희망 또한 험난하리라.

                2025. 6. 5

                         정 송 전

Contents

차례

- 자서自序 · 3
- 작품 해설 / 이오장 · 122
- 찬가: 고달사의 푸른 달빛 · 156
  혜목산의 바람소리 · 163
  혜목산의 향기 · 167

제1부 철이 좀 들어

농막 한거閑居 · 1 _ 10
백로의 숨소리 듣다 _ 12
삶의 길 _ 14
안양 귀거래 · 1 _ 16
안양 귀거래 · 2 _ 18
풀물 든 손길 _ 20
철사에 묶인 이름표 _ 22

Contents

철이 좀 들어 _ 24
나무로 산다면 _ 25
뒤돌아보는 것 _ 26
밤을 마중하며 _ 28
산은 밤낮을 일깨운다 _ 30
비운다는 것 _ 31
하늘 아래 _ 32
밤은 자유를 날리오 _ 34
하늘은 외로움을 더한다 _ 35
고달사지 주춧돌 _ 36
알 수 없는 마음 _ 37

제2부 날이면 날마다

허리 좀 펴요 _ 40
이름 모를 꽃 _ 42
햇살에 젖어 _ 43
날이면 날마다 _ 44
아득한 말 _ 45

Contents

잊고 있던 별 _ 46
산수유 _ 48
산 풍경 _ 50
고달사의 고달이 _ 52
여름꽃 _ 54
풍경소리 _ 56
남은 것 _ 57
고요에 대하여 _ 58
망초꽃 _ 60
사랑 _ 61
돌아보는 밀어 _ 62
빛의 숨결 _ 64

제3부 위탁 육아

봄은 정녕 오련만 _ 66
봄비 _ 67
백담사 돌탑 앞에서 _ 68
혜목산 귀거래사 _ 70

Contents

농막 한거閑居 · 2 _ 72
세월의 흔적 _ 74
고달사지의 승탑 _ 76
위탁 육아委託育兒 _ 78
고달사지의 별 _ 80
백담사 길 _ 82
행자 수행 _ 83
고달사지 석조대좌를 보면 _ 84
사랑은 하기 나름 _ 86
당신의 일상 _ 88
산에 핀 꽃 _ 90
가을에는 · 1 _ 91
내 삶의 현상변경 _ 92
달항아리 _ 94

제4부 어느 길목에서

들녘을 서성인다 _ 96
어둠에서 오는 빛 _ 97

Contents

마주 가슴 포갠다 _ 98
흙냄새가 봄을 깨운다 _ 100
노을 쏟아진 지평을 가져와 _ 102
빗소리에 _ 104
산다는 것 _ 106
한여름 밤 _ 107
봄 들녘에 서서 _ 108
달빛 _ 110
고달사지 _ 112
나는 지금쯤 _ 114
고달사의 석공 _ 116
어느 길목에서 _ 117
저 가을은 _ 118
흔적 _ 120
나의 일상 _ 121

제 **1** 부

철이 좀 들어

첫사랑은 서로 미숙했기에
아직도 요염 띤 얼굴로
나를 떠나지 않네

밤하늘에 별이
유성이 되어
은하에서 일렁인다면

저도 얼룩 하나인 발걸음인들
어찌 가벼울 수 있으랴

　　　　　-「비운다는 것」 중에서

농막 한거閑居 · 1

어린 시절 이른 아침이면
마당을 쓰시던 아버지

간밤에
달빛밖에 왔다 간 흔적 없거늘
토방 속 깊숙이 들어찼던
바스러진 달빛 하나하나
쓸어내고 쓸어낸다

빗자루 스치는 소리
잠결에 뒤척이더니
투정 부리던 내 마음 씻긴다

마침내 가야 할 산기슭
양지 녘에 바람 소리
저리도 푸르러져 가는데
마른 풀밭에 앉아
어제도 오늘도 내닫는다

모두 잊고 간다는 걸
들길이 엿듣는가.

백로의 숨소리 듣다

가을걷이 끝난 들녘에
저녁노을이 가득하다

가뭄 웅덩이에 그물망 걷으려고
논둑길을 가다가
배를 못 채운 백로 한 마리를 본다

잽싸게 내닫거나 덮칠 듯
한쪽 다리를 들고 서 있다

애절한 저 집중
흐트러짐의 무게에 식은땀이 난다

가뭄 들어 피라미는 보이지 않지만
땅속에 숨었던 미꾸라지는
물보라를 친다

나는 백로 앞에 서 있고
노을이 백로를 덮는다

백로는 물속의 그림자를 보고
나는 백로의 숨소리를 듣는다

가다가 보다가
산다는 건 기다림뿐이다.

삶의 길

삶은 저마다 길이 따로 있다
그 길은 험난으로 일컬어진다

밤길이든 눈길이든 산길이든
어느 길 하나
험하지 않은 길이 없다

돌이 많은 돌길에도
자갈길이 따로 있고
바위너설이 따로 있다

깎아지른 듯한 벼랑길에도
바위를 안고 도는 안돌잇길이 따로 있고
바위를 지고 도는 지돌잇길이 따로 있다

생판 전인미답의 무인지경에 이르면
스스로 길을 내며 간다
그래서 가장 힘들고 외로운 길이 인생길이다

험한 길일수록 모진 거요
어둠에 기댄 몸부림이요
텅 빔이다

결국은 메아리로 돌아온
나를 만나게 된다
그 메아리는 가장 인간적인 울림으로 다가온
그리움이 된다

그리움은 영혼을 갈아엎은 쟁기의 봇줄처럼
언제나 팽팽하게 켕겨 있다
이것이 우리의 삶이다.

안양 귀거래 · 1

60년 전 안양살이가 어린 잠이
어디로 가버렸네

젊음, 꿈 외에 내 것이
뭐 하나 있었나

이 고을 하늘은 항상 높푸르고
길모퉁이에 가스 등불이
인적에 젖어 허울거렸지

자정 무렵이면
안양역은 간이역으로
기적 소리만 구들 밑에서 진동했지

그 시절 시장기가
얼마나 밤을 고동쳤던가

밤이 가야 먼동이 트는데

밤은 이내 나를 사로잡고 깜깜이네

그래, 깜깜이 너로 하여
내 자유가 지탱되는 거지

오랜 친구와 그날 밤
쪽마당에 멍석 깐 잠자리
목화솜 이불에 은하수가 쏟아졌지

아침에 서로
눈썹에 내려앉은 서리 마주 보고
말없이 웃어주었지

그 웃음발로 쏴 다니던
어둡던 골목을 휘돌아 보세

그날 밤이
이제인 양
나를 지새우게 하네.

안양 귀거래 · 2

60년 만에 친구와 안양 땅을 밟는다
1962년 겨울, 안양 읍은 손바닥만 했다
기찻길 옆 신작로는 아스팔트였지만
어느 길이든 흙길이었다
양지말 맨 끝 집 쪽방에 살던 김창직 시인
들어앉기도 비좁은 터라
쪽마당에 멍석 깔고
목화솜 이불 위에 은하수로 덮었다

서울에서 산부인과를 경영하는
부잣집 아들이 나를 따라와
첫 밤을 서리 맞으며 지샌 친구 안이모
서라벌예대 문예창작과에 다닌다고
아버지께 괄시당하고
가출하여 서로 한마음이 되었었다

그가 안양 하늘을 휘어잡자고 왔다
마산에서 안양을 그리워하고

나는 언뜻언뜻 지나다니면서 눈에 익혔지만
정작 안양 땅 밟기는 실로 60년 만이다

머슴인 양 전전했던 안양 시절이
와르르 가슴속으로 쏟아진다
망해암 바윗돌도 바스러지고
하늘도 구겨졌지만
양짓말길의 추억이 큰길 위에 펼쳐진다.

풀물 든 손길

절터 옆 산울림 고인 묵정밭을 사서
농사를 짓는데
잡초꽃이 삽날에 자지러진다

산에 에워싸인 골짜기라
산새가 텃밭에 떼를 지어 와서 논다
나뭇가지에 앉았기에 인기척 하면
푸드덕 날았다가 더 가까이 온다

한 해 동안은 작심하고
텃밭에 잡초를 뽑았다

산그늘이 들면 산새들은
씨앗을 파먹다가 가버리고
꽃잎만 파르르 날린다

몇 해나 지났는가
고작 이듬해인데 한세월 지난 듯싶은

농사일의 힘듦을

잡초 뽑기가 농사의 시작이고 끝인 것을
오금을 주무르며 깨닫는다

농작물마다 가뭄 타지만
가끔 울림만 주니
소출을 어찌 바라겠는가

풀물 든 손길
농사 물정 얼마나 알까마는
꽃잎인 양 푸르른 한 해를 보낸다.

철사에 묶인 이름표

유실수의 이름표가
철사에 묶여
살 속에 박혀 팔락인다

저마다 뿌리돌림의 상처를 입고
물관에 고인 한 방울 온기마저 비우고
혼자 한데서 겨울을 맞는다

봄가을에 심을 나무를
겨울에 심어 놓고
어찌 강추위를 견딜지 마음만 졸인다

지하수 모터가 얼어 터졌다
행여 얼어 죽지나 않을까
햇볕이 애써 구름자락을 거둬들인다

봄이 애타게 기다려지기까지는
이 사람 저 사람의 말이

어쩌면 가슴을 에는지 미처 몰랐다

추운 날 그의 곁에 웅크리고 앉아
생의 어디쯤 나앉아 있는가
나무 하나하나 다가가 숨소리를 듣는다

언 체온으로 누군가는 가고 또 오지만
시름을 안고 농막에 와서
눈 쌓인 나뭇가지에 가슴을 열어준다

나뭇가지의 눈빛은 언 구름에 싸여
나의 몸을 휘감고 오른다
정작 나에게서 떠나고 있다.

철이 좀 들어

철이 좀 드나 싶은데 점점 낯설어진다

뒤돌아본 지평선은 말없이 아득하다

사소한 말 한마디 아무것도 아닌걸

그냥 토닥거려 떨쳐버리지 못하고

못내 내 중심에서 내가 떠난다

지난 일 하나둘 떠올려 한허리를 잡아도

한눈파는 동안 아무도 모르게

세월은 번개처럼 스쳐 지나는 것을.

나무로 산다면

가을이면
나뭇잎은 엽록소가 사라지고
붉고 노란 색소가 드러나는데

나뭇잎은
묵묵히 해마다 반복하며
일 년 살 듯 일생을 사는데

단풍이 일교차라는 스트레스로 선홍이라면
우리는 그 무슨 스트레스의 산물이라서
노화로 물드는가

나무로 일생을 산다면
노화 색소도 가림색으로 곱게 물들 것인가.

뒤돌아보는 것

노을 지는 들길을 혼자 걷다가
가물거리는 지평을 흔들어 본다

어린 시절 길을 헤맨 적이 있었지
낯선 길 상엿집을 보지 않으려
눈 감고 걷다가 넘어져 겁먹던 기억

흐리지 않은 눈
흔들리지 않는 눈빛
그토록 창창했던 자
돌이켜 보면 하나같이 빈껍데기뿐

온갖 허물을 벗어 놓고 가야지
일상의 사소한 일이 시작된다

거듭날 그 무엇을 찾다가
잡초가 짝인 듯 변형된다

장맛비에 씻긴 벼랑 끝
생장을 멈추고 꽃을 먼저 피운 풀꽃
가뭄 탓을 않는 추스름이여

휘둘리지 않으려 안간힘 다하는
저 속사정을 그 누가 알랴.

밤을 마중하며

비 오는 밤길
비탈길 보안등에 가려진 골목은
어둠이 왜 그리 짙게 깔리는지

뒤돌아보면 더 음침한 어둠
가끔은 빗대어 보인다
그 어둠 속을 얼마나 헤쳐
나를 마중하는지 알 길이 없다

나를 위한 것이라도
하나씩 되짚어보는 밤이 고맙다
이렇게라도 돌아왔기에
지탱하며 마중하나 보다

헷갈림이 뒤엉키고
또다시 골목으로 내몰아버렸던
기억을 버린다면
하나둘 어둠이 서성일지 모른다

밤은 나를 위한 것이 아니다
저들끼리 밤이 가고 아침이 온다
그냥 아침을 맞는다

온몸을 휘감고 흐느적거리는 잠결
저마다 말을 삼가는 바람에
날이 갈수록 야윈 혈색뿐이다.

산은 밤낮을 일깨운다

산그늘이 외딴집 마당에 너울거린다
산이 혼잣말로 주고받는 말
그 무엇이든 그악스런 바람을 다독이고
맺힌 한을 풀어주는 씻김이다

산으로 사는 게 무엇이든
안아주기만 한다면
봄은 무조건 찾아오고
여름 가을은 잊고 있다가도
겨울이면 다시 오는
적막寂寞이 산의 말이다

삭정이 부러지는 소리 우직하지만
길거리에 내달리는 바람 소리만 못하랴

산은 산끼리 시선이 닿는 데까지
말없이 밤낮을 일깨운다.

비운다는 것

첫사랑은 서로 미숙했기에
아직도 요염 띤 얼굴로
나를 떠나지 않네

밤하늘에 별이
유성이 되어
은하에서 일렁인다면

저도 얼룩 하나인 발걸음인들
어찌 가벼울 수 있으랴

가득 채웠다가 비운다는 것
첫사랑만큼 애태울 것도 없는데

가진 것 다 주어도 부족한
비움이 이런 거구나.

하늘 아래

밤마다 별이 무리 지어
꽃 진 꽃대에 앉았다가

논두렁 밭두렁을 내달려
바람보다 먼저 다가와

이 세상 시름 돌담길에
눈빛이 초롱초롱하다

어둠 빛 고운 바람
누구나 한 번은 잠을 설치며
이슬에 젖기도 한다

가을이 과일을 익히는 동안
바람은 혼자서 들녘을 내달리고

가을은 버릴 것을 준비하는 계절이라지

풋밤이 아람 벌어 떨어지면
마실 간 별이 안개를 치올려
하늘 아래 산골짜기로 나를 나른다.

밤은 자유를 날리오

마음 다잡지 못하고
제 성깔에 물들다가도

밤이슬에 발길 젖어
몸을 가누지 못해도
당신 일상의 중심은 고요하오

하늘하늘 잦아드는 불빛
이 어찌
작은 한시름 모른 척할 수 있겠소

그 속의 잊고 잠든 포근함 위로
구름 한 조각 질러가며
밤은 자유를 날리오

아무 때라도 그 언제라도
참 멀리 결국
나는 당신에게 날리오.

하늘은 외로움을 더한다

나는 이제 모든 것을 버린다
너에게 쏠리던 눈빛도 버리고
몇 번이고 마음을 주저앉혀도
알 수 없는 무엇으로 돌아온다

흔적을 지우고
순박한 얼굴로 헐떡인다
오가는 길손을 들여다본다

한때 풍요롭고 여유만만했는데
우울한 날 뒤처진 그림자만
같은 길을 걷는 속절없음이다

내 자유는 무엇일까
구름 한 조각 베고
강물이 지껄이는 소리 귀담아듣는다

뇌리에 쏟아지는 쓰라림
하늘에 몸져눕는다.

고달사지 주춧돌

여주시 북내면 상교리
혜목산 자락 절터
고달사지

창건 때 놓인 주춧돌이
새까만 얼굴로 대가람을 자랑한다

절터 허리께 산골짜기
까치집 옆에
어쩌다 농막을 지었다

승탑, 쌍사자석등, 석조, 탑비
석공의 정과 망치 소리에
새들이 농막 마당에서 아침을 깨운다

그토록 큰 가람이
언제 어떻게 폐사되었는지
지표조사를 들춰봐도 알 길이 없어

임진왜란 핑계로 삼는다

나비 한 마리 주춧돌 위에 앉았다가
허물어진 허공에 날개를 휘저어간다

주춧돌 그 자리에
둥그런 나무 기둥인 양 서서
수행자 행세를 해본다.

알 수 없는 마음

눈에 아무것도 밟히지 않으나
그래도 무언가 떠돈다는 것은
가득 담겨
내게로 돌아오는 것

한숨을 한 자락 깔고
뒹구는 바람이라

모든 흔들림은
자기의 흔들림이 아니고
내 안을 휘도는 혼돈의 흔들림이다

가로등 불빛이
안개 속에 묻힌 나를 찾아보지만
지난 일 헤집어
정녕 나를 잊고 지낸다.

제 **2** 부

날이면 날마다

밤길 걷는 가랑잎 소리

고요 속에 잠든다
정녕 전부가 내 소유다

한낱 버리다가 남겨둔 것들
또 버리다가 남겨질 것들
마침내 버려지는 것들
고요.

　　　-「고요에 대하여」 중에서

허리 좀 펴요

나뭇가지에 흩날리는 눈을
바라보던 아내가
내 엉거주춤한 몸짓을 보고
허리 좀 펴요

허리 구부리고 다니는 분들 보면
생기가 없어 보이고
구부리고 다니면
그 사람 평소 생활 습관이 이상하더라

아내의 말문에 뒤돌아본다

문득 하이에나 형상에 웃음이 번뜩인다
어쩌면 저놈은 저토록 음흉스러울까
귀틸랑 아예 없다

내 속내를 짚어내는가 싶다

누가 탓하는 건 아니지만
나는 늘 나를 되짚어보며
고개를 쳐들어야겠다.

이름 모를 꽃

길가 풀숲에 이름 모를 꽃
하얗게 피어 잎 뒤에 숨어 있다

꽃잎 오므려 싸안은 수줍음이 창백하여
꽃받침의 내밀함을 열어 본다

잎새에 아롱진 메아리
변방에 나앉은 표정이 그윽하다

알몸인 꽃
혼자서 누군가를 기다리는 동안
시선이 내 꽃병에 앉는다

향기 치장보다 젊음의 자태이련만
처신은 겹겹이 조바심이다.

햇살에 젖어

왠지 산에 가을 햇살이 부산하다
푸르렀던 나뭇잎 잎꼭지가 말라
잎마다
햇볕의 방향으로 돌려 갈잎이 된다

갈잎나무 아래 노랗고 붉은빛이
더할 나위 없이 애틋하다

한 잎 푸름으로
한 잎 단풍으로
가을이 온통 낙엽병落葉柄이다

가을 햇살 붙들고 물들여
나뭇잎마다 제 단장
햇살 담아 단풍 진다.

날이면 날마다

어디쯤 가고 있는지
얼마나 남아 있는지
알 수 없는 나날

저무는 듯
바쁜 듯
닿을 수 없는 맞바람

옷깃에 얼룩진 그대
뒷모습
멀리 날려 보내네

밤이 내게로 와
말없이 깊어져 가고

사는 모습마다
목소리에 배어 있네.

아득한 말

농작물은
주인 없을 때
맥없이 시들시들하지만

잡초는
주인 없을 때
제멋대로 좋아 날뛴다

말이 좋아 공생
짓궂은 히득거림이다

애써 심어 가꾸며
잡초 보듬기는 정녕 사치다

농사일에
땀방울이 빗방울 된다.

잊고 있던 별

눈망울 총명하던 시절
모깃불 곁에 누워 별 세던 때보다
나이 들어 더 많은 별이 보인다

숨어 있던 그리움
숨바꼭질한다

사방에 어둠의 장막을 치고
나를 가둬 별이 되라 하지만
이정표를 가려 낯설기만 하다

밤이면
은행잎이 유성을 따라 일제히 떨어진다
별들이 쏟아지다가
서로 부딪혀 부싯돌에 박힌다

쇠죽솥에 함박눈 한 바가지 퍼다 넣고
눈 냄새 맡던 어린 시절

어디쯤 머물고 있을까

젊은 날에는 한 번 본 자리도 안 보이더니
이제는 가고 있는 것이 다 보인다.

산수유

잎 진 채 겨울 난 마른 가지에
눈 뜬 꽃봉오리 이슬방울

꽃은 촘촘히 달려
작은 꽃 서로 몸 비비며

몸통 바람 머금어
적시는 향기
그득 맴돌고

노란꽃 방울방울 저들끼리
치맛자락 말아 올려
햇볕 적신다

와르르 내달리는
네 마음속
함께 휘돌아 꽃에 간다

꽃받침 조각 꽃잎 수술
서로 붙어 봄을 날린다.

산 풍경

하늘가 나무는 키가 고만고만하다
서로 깨금발로 맞췄거나
가슴을 맞췄을 게다

높음 따라 나란히
낮음 따라 나란히

저마다 우쭐대지 않고
부질없는 욕심 내려놓고
함부로 꾸짖음 없이
디딘 높낮이에 따라 나란히

늘 보는 먼 산
감흥에 젖은 아내가
[저 산등에 나무는
다 같이 머리를 깎았나 봐
어쩜 저리 단정하지]
말씨가 참 곱다

저 마루터기 넘어
소문 안 난 낯선 얼굴과 가슴이
민낯의 꽃으로 안긴다

언뜻 마주 보니
구름 한 다발 안은 아내다.

고달사의 고달이

고달사의 석공은
고달이란 이름으로
시주 갔다 온 흙발 자국을 디뎌
따라가 귀동냥한다

바랑에 자유를 담아 두고
밤낮을 다듬었다

탁발 눈물이야
두고 온 살붙이가
그 얼마나 그리운가

먼 하늘
알 수 없는 풍경
말끝마다 목메어 운다

하룻내 돌을 다듬다가
달빛에도 다듬다가

가족이 굶어 죽는 줄도 모르고
불사에 혼을 바쳐

훗날 도를 이루어
고달이란 스님이 되었다.

여름꽃

경작면적이 부족하던 시대
논두렁에 사이짓기한 동부콩
여름꽃이 무성했다

마디마디 핀 하얀 꽃
꽃잎을 저리도 활짝 펴지 않은 채
수줍음 타는 콩꽃은 어머니

잎마다 벌레 먹은 흔적으로
아침 햇살을 받는다

말이 그렇지 토지이용률 높이고
뒷그루가 무슨 농자천하지대본인가
헐벗고 굶주림의 시절
서글픈 절규 아니런가

굽은 허리 동여맨 어머니
손등에 핀 꽃

지난날 사역의 얼굴이다

하얀 콩꽃 가까이 다가가
아장거리는 내 유년을 일깨워
먼 후조의 꿈을 노을로 감싼다.

풍경소리

겨울밤
사찰의 고요

인적에 놀란
풍경소리

세상의 중심을
티 나지 않게
비워 보듬고

빈 마당에 서성인다
꽃냄새 뱉까 싶어.

남은 것

하루가 뉘엿뉘엿 저물어
이슬방울 한 짐 진
풀잎

맨손으로 길을 내며
무엇이 되게
하루가 업혀 가고

풋과일의 떫은맛
내 빈자리의 뒷모습.

고요에 대하여

고달사지에 밤이 쏟아지는데
석등 혼자서 유성을 그린다

어디론지 내달리는 바람결
부엉이 소리에 두리번거리고

간간히 들리는
삭정이 부러지는 소리만
나른한 삭신을 날리고
허물어진 주춧돌은 숨죽인다

하나도 버릴 것 없는
속박에 영근 자유여
소유의 자유여

내가 나를 찾는 동안
밤은 고요 속으로 깊어지고
똬리 튼 어둠에서 떨어져 나와

밤길 걷는 가랑잎 소리

고요 속에 잠든다
정녕 전부가 내 소유다

한낱 버리다가 남겨둔 것들
또 버리다가 남겨질 것들
마침내 버려지는 것들
고요.

망초꽃

들길에 하얗게 너울거려도
아무도 눈길을 주지 않는 꽃

초여름 밤하늘 별빛에 젖고
늦가을 밤 이슥토록 혼자 나부껴

비로소 먼 바람 소리 울림에
꽃등이 하얗게 가슴에 젖는다.

사랑

서로
마음 채워주고
마음 담아주는 것

서로
마음 삭여주고
마음 씻어주는 것.

돌아보는 밀어

내 수중에 숨겨 지내는 것이 있다
가을 햇살 자락에 날려 오는
바스러진 날개의 나비이거나
그 거리에 남아 있는 것
그 모습 그대로
눈물 어린 채 멀어져간
내 유년의 꿈이다

나는 언제나
눈보라 날리면 시린 입김으로
그 시절을 맴돌고 싶다

누구의 심사이거나
밀려오는 마음 갈피로
가까이 다가가 나를 붙든다

부둥켜안고 떠나보내지 말아야지
낯선 매무새로 서성이면서도
구겨지지 않게 고스란히 남겨 두어야지.

빛의 숨결

살아 있는 것
자연이 알아서
대가 없이 키워 준 것

어느 날
새벽을 오려 내어 어둠을 덮으며

언뜻언뜻 회오리바람에 쓸리는 것.

제 3 부

위탁 육아

여느 날처럼 농막을 나와
무심히 절터를 거닌다

나 혼자서
세상의 뜨악한 것 다 벗긴다.

―「농막 한거閑居·2」중에서

봄은 정녕 오련만

땅거미가 강물에 떠내려오면
물빛은 안개로 사라진다

빈집 한구석에 모여 앉은 봄기운
다시 푸르름 머금고 겨울나기
서로가 결속이렷다

빛을 찾아가는 낯선 발걸음
뉘 주인이랄 것 없이 분주하지만
봄은 아직 소식이 없고
낮이 밤보다 고요하다

허당에 거꾸로 매달린 꽃씨
저들끼리 건네는 말이
봄은 정녕 오련만
빈집만 혼자서 진동한다.

봄비

들녘엔
논두렁 밭두렁이 아장거리고

발길에 차이는 아지랑이
강둑에 나앉아 울어, 울어

초록 초록한 봄비.

백담사 돌탑 앞에서

백담사 앞 골짜기에 안개가 아장거리고
작은 보시報施돌이 수없이 쌓여 있네

저마다 소망을 쌓아 올린 많고도 많은 돌탑
하나하나마다 손길이 달랐으랴만
어찌 저리 촘촘히 쌓았나
정성, 정성을 층층이 포개었나
염원 모양새가 정겹네

내려다보면 얼룩진 얼굴과 가슴
애달픈 사연이야 없겠는가마는
저승빛인 양 동전 하나 붙이네
기도발이 좋겠지
눈 감고 별들을 헤아려 보네

누군가 쌓아놓은 돌탑을 쓰러뜨리지 않고
그 옆에 그 옆에 가까이 쌓아 올린

이승의 보시
보는 이에게 다정함을 주네
그래, 보아주는 것이 보시라네.

혜목산 귀거래사

혜목산 기슭에 농막을 지어 놓고
흘러가는 구름과 푸르른 산
산새들의 놀이터로 밤낮을 맞는다

눈 속을 헤쳐 흙을 만져 보지만
고달사지 폐허에서
말 없는 온기가 뜨겁게 솟구친다

저토록 허물어진 바탕에서
사계절은 바뀌어
역사의 흐름을 이끌어 가는지

봄 여름 가을 겨울
우주 속 사람의 성정으로는
하나의 은하가 아닌가

계절은 게으름 없이
봄이면 푸르름 창궐하고

여름이면 잎이 무성하여
가을을 풍성하게 이뤄 놓고
겨울엔 비로소 우주가 된다

계절은 밤낮없이 뛰고 달려왔나
고달사지 가로질러 가는 구름은
맨발의 동자승 형상으로
혜목산 산정을 넘어간다

사계절 따라 찍은 삶의 발자국
되돌아보다 선 숲속에
새롭게 그려 넣는 설계도엔
서로의 안녕을 빈틈없이 그려야겠다.

농막 한거閑居 · 2

노을 진 구름 한 조각
천년 사찰의 빈터에 앉아
눈 감고 중노릇한다

인생역정人生歷程이야
보지 못해도 기억하겠지

사근사근하게 살다 간
가랑잎에 쏟아지는 산빛
저마다의 얼굴과 가슴이 저리하리다

주춧돌이 잔디에 뒤엉켜
백팔번뇌라도 깔고 앉은 듯
맥을 짚어보니 넋이 빠진 듯하다

버리고 싶은 것
모두 버리고 채웠을
망초꽃 진 자리에 인기척이 왁자하다

여느 날처럼 농막을 나와
무심히 절터를 거닌다

나 혼자서
세상의 뜨악한 것 다 벗긴다.

세월의 흔적

세월은 누구에게나 비껴가지 않는지
나무는 나이테를 속에 새기고
우리는 이맛전 주름살을 품고

그래도 바윗돌만은 비껴가는가 싶어
저녁노을 안은 바위를 바라본다

바위가 발 디딘 무게만큼
나도 따라 발 디뎌 선다

내려다보는 바위를
흘깃 마주 바라본다

먼동이 트면 날고
해거름이 들면 땅바닥을 기어
시절을 헤아리지 않아도
저들끼리 가고 또 온다

삶은 언제나 후회後悔
한발 앞서가며
건너뛰는 일 없이 흔적을 남긴다

사계절이 왔다가 가고
천년 발걸음이 이슬에 젖어 무겁다

돌에 새긴 파릇한 이끼
누군가 마지막 기다림이 스며 있다

세월의 흔적에 누가 저토록 별빛을 쏟아붓는지
누구를 불러 흩어진 사연 들으라는지
손끝만 닿아도 터질 고요
저 시공時空의 말귀를 알아들으렷다

천년 굴곡이 메아리로 묻혀 있으련만
천년 꿈이 티끌 하나로 있으련만.

고달사지의 승탑

누구 손을 탔기에
승탑 머리가 잘려나갔는지
무게를 지탱하는 받침돌은 알고 있으련만
속세의 번뇌 깨뜨리느라 말 못 하는가

승탑 머리에 하현달이 앉아 있어
보시報施인 양 애처롭다

가운데 돌에 새겨진 두 마리의 거북은
기둥을 휘감아 기어오르고
내림 연꽃과 올림 연꽃 한가운데
용머리가 구름으로 피어오른다

돌 한 점씩 떼어내는 석공의
불심이 얼룩진 사천왕 옷자락은
석공 외에는 손대지 못했으리라

아랫돌에 내림 연꽃 윗돌에 올림 연꽃이

한가운데 중심을 잡아
용과 거북을 앉혀 구름무늬 떠 있다

거북 곁에서 내림 연꽃이 웃는다
용과 구름무늬가 피어오른다
석공은 속세의 번뇌를 아로새겨
거북과 용이 살아 있게 한다.

위탁 육아 委託育兒

우리 아이들은 태어난 지 한 달 후부터 아침이면 엄마 아빠가 없었다 온종일 돌봄 할머니랑 빈 하늘 빈 들녘만 바라보다가 잠이 들었다 깨었다 돌봄 할머니도 낯 익혀지면 가고 또 오고 그렇게 바뀌고 또 바뀌었다

여주 이포 궁말 시골 동네 큰아이가 서너 살 때 출근하는 엄마 치맛자락을 붙잡고 울며 따라가겠다고 떼쓴다 엄마도 울며 논둑 지름길을 따라 학교로 가곤 했다 참외 곳곳인 동네 퇴근하며 보면 불룩 나온 배에 참외 씨가 붙은 채 세발자전거를 밀고 다니다가 팽개치고 단숨에 솔가지 막대기를 들고 비탈길로 뛴다 아빠 소리치며 넘어진다 석양빛 들고 퇴근하는 오토바이가 보이면 잰걸음으로 와 오른다 엉덩이를 들어 발을 구른다 얼마나 뛰뛰빵빵 했을까요

아이가 말을 할 줄 알았지만 엄마 아빠에겐 묵묵부답이다 나름 돌봄의 눈빛에 철이 들었나 보다 아침이면 엄마 아빠가 없는 이유를 알 턱이 없어 말은

하지 않아도 밤이 참 좋았을 것이다 엄마 아빠 기척 소리에 눈물 그득 고인 눈으로 웃어주던 어린 마음이 얼마나 헷갈렸을까
작은아이 초등학교 1학년 체육대회 날 수업을 올려 4교시 하고 단걸음으로 학교에 가니 다른 아이들은 엄마 할머니가 싸 온 도시락이며 맛있는 음료수를 먹고 있을 때 내 아이는 물 한 모금 마시지 못하고 땀범벅이 되어 엄마를 반겼다 애처롭고 안쓰러움에 눈물이 났다 체육대회며 소풍날 한 번도 따라가 본 적이 없어 성장한 이후에도 온통 미안함뿐이다 엄마 아빠는 다른 아이들을 가르치면서 내 아이들은 위탁 육아로 성장시켰다 이제 한세월 돌이켜 생각하니 텅 빔이다.

*2017년 당신이 정년퇴임하고 나서 넋두리로 하는 말을 옮겨 적었다.

고달사지의 별

깊은 밤이면 별들도 고달사 뒤뜰에 모여
사바娑婆에 박힌 티눈을 뽑았으리라

바랑을 메고 지고 이승을 헤매면서도
나이를 헛먹지 않게 혜목산에 오르고

먼동이 트면 안개는 맨 먼저 깨어
풀잎에 매달린 이슬을 밟으며

어제도 한적한 고달사지에
웅크리고 밤을 지샌 산새들이 아침을 맞는다

살면서 한 번이라도 괴로움 많은 삶에서
자유로워지고 싶은 욕망을 가져 보지 않았던가

몽상에 사로잡혀 내닫고 싶은
인간 세상이 사바세계라지
솔직하게 나를 드러낸 적 있었는지 되짚어 본다

눈빛으로 주고받는 말
산그늘이 와 빈 의자에 앉아 있을 때
이름 모를 산새가 와
추녀 밑에 앉아 있을 때
지는 노을이 나를 덧칠한다.

백담사 길

먼지 낀 안경 문지르고
창밖을 내다본 외틀어진 계곡
물소리가 비틀어져 낭떠러지로 박힌다

셔틀버스가 두 번 세 번 네 번
외진 틈새에서 교행한다

아슬아슬 한고비 넘고
으슬으슬 한고비 넘는다

장맛비 그친 협곡
물보라에 햇볕이 깨져 쏟아진다
다람쥐가 이마를 짚으며 헉헉거린다

백담사 길은 삶의 뒤안길
중 티를 내며 걷는 길.

행자 수행

연잎 위에 이슬방울
여의주 공양이라

목탁 소리에
번뇌마저 해탈한다

귀의하면 성불이 되는가
소신공양으로 부처가 되는가

정토로 가는 외딴 길에
거짓 관세음보살이 된다

불심 담아 오는 것
하심下心하라 하심하라.

고달사지 석조대좌를 보면

사찰 이맛전에 박힌 기단석
주춧돌이 바람에 씻겨 반지르르하다

흙바닥 지대석은
대좌를 받쳐주고 있다

밑받침 간석은 구름무늬로 두둥실
내림 연꽃을 겹겹 새겨
하단석이 살짝 더 작게 앉혀 있다

중대석 한복판을 사각으로 둥글게 파
사계절 중심을 잡아주고
상대석 겹올림 연꽃이
하늘로 간절히 오르고 있다

대좌에 있던 불상은
어디로 탁발 떠났을까

사바娑婆에서 헤어 나오지 못하는지

잔디에 뒤덮인 석재가
형상이 부처인 양 뒤돌아본다.

사랑은 하기 나름

지중해 맨 끝 바닷가에서
저녁노을 얼굴에 바르고
*파티마 성당 목동들의 예언을 찾는다

저녁 미사 봉헌하려
어디서 촛대를 사는지 기웃대고 있는데
어느 여행객이 촛대를 하나 주었다

성소에 들어간 아내가
곱게 미사보를 쓰고 나니
왼 종일 관광지를 쏴 다니느라
헝클어진 머리 한껏 정갈하다

평소에 느끼지 못하다가
먼 이국에 와서 예배를 드리니
아내의 신심이 향기로 피어오른다

사랑은 하기 나름이라지만
서로 바라봐 주고 아껴 주는 밤이다.

                *포르투갈 목동의 계시로 지은 성당

당신의 일상

당신의 파마머리가 다 풀려
하루가 다르게 보인다

당신의 말 없는 일상이
내 마음에 와 머문다

당신에게 시치미를 뗀 일
애틋하게 삭이는 당신
그렇게 풋풋했던 이맛전이
수척해 보일 때
천근 짐이 되어 떨어진다

말 많은 사람들 세상을 굽어보면서
계절은 겨울을 지새워
햇살 한 줌 퍼 담을 때
나는 체온을 묻혀 바람이 된다

기상도에 예민하게 하늘 한 자락

흙의 포근함을 엿볼 수 있는 공간

바람은 애달아 자지러지며
심장의 소리로 밤을 새운다

당신은 나의 길에
나뭇가지 흔들던 바람의 손아귀를
가로막고 골목을 서성인다.

산에 핀 꽃

꽃 이름을 모를 때
그냥 산꽃이거나
야생화라 부른다

꽃잎 펴고
새벽이슬 머금어 곱다

꽃은 자기 향기에 가득 젖어
가까이 가도 잠결인 듯
꼼짝을 않다가

산그늘이 드리워지면
고개를 숙인다.

가을에는 · 1

햇살이 이슬에 젖다가
풀잎 끝에
아침을 맞는다

벌레도 숨어드는
가을 언덕에서
마지막 과일들이 익는다

이 가을은 누구에게로 갔다가
누구에게로 오는지
알 수 없는 시간이다

청명하기만 한 이 계절
나는 허공에 가벼이 유영을 한다

지금은
가눌 수 없는 빛으로 서서
맨 마지막 가을을 전별한다.

내 삶의 현상변경

현상변경의 어휘가 어렵다거나
알 수 없는 뜻이 아닌데……

비 오는 어느 날
문화재 제1구역 농지에
농막 치고 농사를 시작하면서
새삼 듣게 된 낯선 어휘다

손에 닿을 거리에
안개에 싸인 천년 사찰 사적지
고달사의 고요한 시선이 손끝에 잡힌다

겹산 골짜기 산새가 한걸음에 마중 나와
별만 바라보면서 간직했던
유년이 따라나선다

눈으로만 익힌 땀범벅의 농사일
뙤약볕 피하는 농사일에

시작과 끝이 힘에 부친다

눈발 날리는 나뭇가지에
아침의 입김을 보내며
농막에서 맛보던 푸성귀에 입맛을 다신다

사는 길은 어디에나
마음먹은 대로 살아지지 않으니
순간순간 나를 느껴가며 그렇게 살아야 한다

이 모든 것에 눈과 귀를 열어
늙어가는 일상을 이야기하고
삶의 현상변경 속 나를 포옹해야 한다.

달항아리

텅 빈 속

하늘 가득 담아

마저 말하려다 입술 깨물어

눈빛만 머금는다.

제4부

어느 길목에서

농막에서 바라다본 고달사지
달빛 가고 없는 얼굴로 창백합니다

은하수가 냇물을 열어 꽃밭을 이루고
소쩍새가 자지러진 밤이 적적해
유성이 데리고 달빛 가로질러 우주로 갑니다

고요가 세월에 씻겨 까맣습니다
부처는 어디 가고 좌대만 남아
둘레에 민들레 텅 빈 꽃대가 차지한
꽃화분으로 놓였습니다
　　　　　　　　　　　－「달빛」 중에서

들녘을 서성인다

가을걷이 지난 들녘
허수아비가 나를 부른다

다가가 마주한 표정
누구의 자화상인가

옷깃에 새겨진
그대 울림 엿들어

가을 들녘에서
바람 따라 서성인다.

어둠에서 오는 빛

깜깜한 절터에 앉아서
티끌 하나 떨어지는 소리 듣는다

꽃 진 자리에 봉긋한 풋과일
낙과落果의 손길에 잡혀

네가 나를 떠나고
내가 너를 떠나듯

하늘을 담은 동자승
출가出家의 뜻이나 알았으랴만

비 갠 뒤 무지개 눈빛
손때 묻은 목탁을 바랑에 담는다

먼동은 어둠에서 오는 빛
인기척 머금고 아침을 맞는다.

마주 가슴 포갠다

겨울에 꽃을 피워
동백冬柏이라

마주 빨갛게
가슴을 포갠다

꽃보다
속 노란 꽃술은
하룻내 꽃가루받이受粉에 분주하다

투박한 입술 깨물어
바람결 잡아 윤기를 내는 잎
눈 속에 발목이 시리다

피어 있는 자태가 꽃의 본성이련만
지친 기색 하나 없고
의젓함이 더하다

나도 동백이 되어
꽃가루를 손바닥에 문질러
수분受粉 그윽이 날린다.

흙냄새가 봄을 깨운다

봄 흙을 밟으면 폭신하다
봄 흙냄새가 달다

봄 흙은 자기 자리에서
우리 사람의 가슴이 되고
티끌 하나도 버리지 않는 우주다

앙상한 가지마다
물관 속을 비워 겨울나더니
봄기운으로 물 한 방울 퍼 올려
표정마다 눈이 튼다
저마다 간직한 색깔이다

빛 고여 겨울나고
그러고는 어찌 저리 얇은 옷자락으로
이슬 머금은 눈빛으로
침묵의 기다림으로
마중하며 아장거리는가

푸른 봄바람
푸른 흙냄새

꽃잎에 안긴 봄흙은 꽃이다
꽃이 꽃잎을 펼쳐
흙냄새가 봄을 깨운다.

노을 쏟아진 지평을 가져와

당신은 달빛 오롯한 꽃이어요
봄여름 다 가고
가을도 겨울도 지난
그런 뒤에 피어난 언제나 다정한
당신은 연초록 꽃이어요

작년에 심었던 채송화
마당가 맨발로 마중 나오고
목화 무지개 제겨디디고 하늘가 넘봐요

고래실논 성토盛土할 때
물 배수관을 허술하게 묻어
계속되는 장마에
과일나무 잎이 누렇게 시들어요

내 불찰
빗속을 혼자서 날뛰다가
한여름 땀으로 치장한 허물이 후끈해요

노을 쏟아진 지평을 가져와
빈 들녘 허수아비로 서 있는 나를
고요하게 가꾸고 다듬는
알 수 없는 당신의 지혜

갓 태어난 송아지가 나에게 다가와요
제 눈으로 보는 내가 누구일까
눈망울 큰 어린 송아지
자기 눈으로 보는 내가 역시나 짐승이겠지요.

빗소리에

비가 햇볕을 적신다
나대지 않던 나를 동행한다
일부러 빗속을 서성인다

새가 날개를 폈다 접었다 하면서
젖은 나뭇가지를 흔든다

한여름 게으름이
나는 듯 비를 긋는다
빗속의 나는 비를 그을 줄 모른다

몇 날 밤
지새던 얼굴
불면이 이슬로 맺혔다

이슬로 단장한
불면에 지새던 얼굴

날짐승도 저렇게 비 그어 갈
그것이 바로 천둥·번개였구나.

산다는 것

이것도 버리고
저것도 버리다가
다시 주워 담는다

버렸다가 움켜쥐는
이것저것
이냥 버려야 함이거늘

속을 비우지 못해
정녕 버림이 없다

이냥저냥 사는 게
진정 비움이 아니겠는가.

한여름 밤

외딴집 마당에
밤새도록
유성이 흐른다

별 지고 진 자리를
은하수가 차지하고
적막寂寞의 주인이다

지는 것이든
진 것이든
별 무리의 흐름

흘러가는 쪽으로 고개 들어
은하수가 된다.

봄 들녘에 서서

연초록 봄 빛깔이
걷고 뛰고 분주하다

연초록이다가
겹겹 푸른 들녘이다가

한여름은 빗물에 씻기고
뙤약볕에 타들어 가다가

햇볕이 노란한 빛을
온통 들녘에 풀어놓으면

싯누런 빛깔 속속들이 배어
가을걷이가 한창일 거고

한겨울 눈 걷힌 들녘은
마른 겨울빛으로 남을 거다

허수아비만 빈 들녘에
홀로 비스듬히 서서

바라보는 창공은
더욱더 높고 멀리 가 있겠지.

달빛

농막에서 바라다본 고달사지
달빛 가고 없는 얼굴로 창백합니다

은하수가 냇물을 열어 꽃밭을 이루고
소쩍새가 자지러진 밤이 적적해
유성이 데리고 달빛 가로질러 우주로 갑니다

고요가 세월에 씻겨 까맣습니다
부처는 어디 가고 좌대만 남아
둘레에 민들레 텅 빈 꽃대가 차지한
꽃화분으로 놓였습니다

바랑에 담긴 회한은 피어나고
사라짐을 알기나 합니까
닫혀 있는 자취 언제나 그립습니다

저녁에는 새들이 빈집에 모여 앉아
풀물 든 부리를 씻고 잠듭니다

오늘 밤
환히 보이는 옛 봄 뜰을 혼자 걷습니다
크레용으로 반석 연잎에 앉혀 보는 혜목산.

고달사지

고달사지 입구의 느티나무는
고달사의 폐사 전후를 보았으리라

앙상한 자태로 서서
폐사 터에 마저 못한 말을 들추고
땀 식혀 주는 나무 의자에 앉아서
고달사의 옛이야기 듣는다

떡 다루는 솜씨로 연꽃무늬 새긴 석조는
하늘로 치켜질 듯 위엄이 있어
엄숙하게 행사가 치러지고 행했겠지만
일상의 삶은 평범했으리라

연꽃 좌대 위의 부처는 어디로 갔을까
이승의 인연 단절한 몸으로
진흙 밭두렁에서 현 세태를 굽어보며
가고 오는 중생을 교화하고 있는가

잔디밭에는 주춧돌이 제자리 지키며
기도의 그림자로 침묵하고 있지만
계절이 바뀌고 아침이 오는 것
천년이 저물고
다시 천년이 저문들 모르고 있으랴

흙발 한 다발 묶어 놓고
말없이 마주 보며
다 비워 낸 공간에 나를 가둔다.

나는 지금쯤

낯선 길을 가다 막다른 골목이면
공허를 더했지

밤낮이 한갓 메아리였지만
그것은 언제나 일상이었지

반복이 아니었고
새로움을 비끄러맨 몸부림이었지

땅속의 온기를 품어
가꾸고 다스리는 소통이었지

풀밭에 누워 구름 발목을 잡아
하늘로 나는 나를 보았지

유년의 세월이 아장거리게 하지만
어제보다 오늘은 더 재미가 없었고

후회들 없겠냐마는
심정이야 하루하루가 소망이었지

이제 우리 가는 길에 풀포기 누렇게
나를 대신하는 형상이지

지친 것이 웅크리고 있어
마주 손잡아 가는 꿈길이지.

고달사의 석공

기력을 다해 바윗돌을
정과 망치로 바스러뜨려 다듬은
작은 꽃잎 하나하나

석공은 눈에 앉혀놓고
번뇌를 바라보았으리라

꽃잎에 눈물이 새겨져 있다

불면의 한밤중은
하늘 끝
두고 온 고향산천이다
먼 산 메아리다

먼동이 트면 또 하루하루
꽃잎 모서리를 말아 올려
잊지 못한 그리움을 새겼으리라.

어느 길목에서

어제로 가는 길목에 서서
오늘이 아침을 맞는다

내 시야는 물결에 구겨져
무엇에 집착함도 없이
어디에 안착시킬 방도가 없다

지평선이 하늘로 다 가버렸는데
생트집 잡는 목소리에
하루를 시작한다

오늘은 안개에 젖으며
눈길만 허우적대는데

욕망은 모를 리 없거늘
순식간에 저질러지고 점점 더디 변한다

하루가 몽그라지는 안개 속이라
손짓으로만 밤낮을 전한다.

저 가을은

봄여름 저것들 초록의 일색이더니
이 가을엔 비움이 가득하네

눈빛 절인 표정마다
삶의 갈등을 들여다보게 하네

가득 채웠다가
가득 비워 버리는

한껏 색소만 토하다가 단풍 드나 보네

과목果木에 묻은 한여름 속삭임
혼자 있을 들녘으로 스며드네

지는 해가 그 한 자락을 물에 띄워
옷깃을 여미어 보내네

보낸다는 건 비운다는 것

저 가을은
나를 분주하게 하네.

흔적

나비가 앉은 꽃잎
얼굴 붉힌다

입술 향기 놓고 간 나비
햇살에 노랗게 너울거리는 미소

앉았다 떠난 자리
여운 그윽한 애정이기를.

나의 일상은

구름 속 언뜻 밝은 노을빛이
삶의 집중이다

이제그제 같은 시간과 공간이
나이만큼 휑하고
생각만큼 늙는다

빈 마음에 주저앉힌
온통 푸르른 들녘

저도 세월 늙지 않게
비우는 법 익히는가

내 마음 다 가져간 그대

잘 버티고 있어
속박의 얽매임에 내일을 다듬는다.

■ 작품 해설

무의미에 빠지지 않고
삶의 의미를 성찰한 귀거래사

이 오 장
〈시인·문학평론가〉

　한 사람이 태어나 삶을 마친 후 남긴 흔적은 얼마의 가치를 지닐까. 역사적으로 유명한 정치가, 권력자, 위대한 문인이라도 일반 사람과 같은 무게를 가진다. 유명해도 인간이라는 통념의 무게는 같기 때문이다.
　도원명은 일찍이 이런 것을 깨닫고 관직을 버리고 속세에 묻혀 삶의 척도를 자연과 맞춰 살면서 귀거래사를 노래하고 후대에 문명을 떨쳤다.
　인간은 문명의 화려함과는 대조적으로 불안하고 부족하기 그지없는 존재다. 개인의 생물학적 조건과 한계는 물론 인간의 존재 자체에 깃들어 있는 근본적인 모순은 우리를 실존적으로 불안과 허무를 절감하지 않을 수 없게 한다.
　어떻게 하면 이런 근원적인 불안감과 허무함을 넘어

설 수 있을까 하는 의문에 인간은 끊임없이 고민하며 연구하는데 그 결과에 따라 사람의 생을 판단할 수는 없다.

그러므로 유명하거나 무명이거나 삶의 무게는 같을 수밖에 없고 역사에 기록된 삶의 흔적도 자연 속의 나무하고 똑같다.

현재 지구 위의 인간은 약 78억 명이다. 그 많은 인간 중에 독특하고 잊히지 않는 이름을 남기는 건 쉽지 않다. 설혹 남겼다 해도 가치는 보통 사람과 같아야 할 뿐이다.

그런 수많은 인간 중에 시인은 다른 부류의 인간과는 확연히 다른 모습을 보인다. 인간의 한계가 있음을 알면서 끊임없이 의미를 찾고 무엇인가를 이루려고 노력해야 한다. 그렇기 때문에 조건 지어진 존재와 죽음처럼 한계 지어진 삶을 성찰하고 그것을 넘어서기 위해 몸부림치며 자기 삶과 타인의 삶을 하나로 묶어 의미를 부여한다. 심지어 초월적인 행위를 통해 삶의 한계를 극복하려고도 한다.

시인의 이런 특성은 삶의 본질적인 의미를 추구하고 이를 위해 자기 자신을 먼저 성찰하게 되며 그 결과에 따라 의미론적 존재 이해의 결과물을 내놓는다. 1962년도 등단하여 만 63년간 시를 써왔다. 시인은 그 어떤 어려운 가운데서도 삶의 의미를 찾는다. 근본을 넘어서는 한계에 도달하려는 언어의 구상을 놓치지 않는다. 우주와 자연, 세계와 역사, 인간과 모든 생명체의 나아갈 방향, 예술과 문화 그 어떤 인간적 행위를 근본적으로 이해하려는 노력을 점진적으로 구축해 왔다. 단순하게 주어진 세계에만 의미를 부여했다면 문화와 역사, 자연과 삶을 성찰하는 것에 한계를 주었겠지만 오랜 시간을 물리적으로 조건 지어진 상황을 초월하며 무의미함에 빠지지 않고 삶의 의미를 성찰해 온 것이다.

이 같은 작업은 인간의 존재, 허무와 무의미를 넘어 아름다움의 특성을 살려낸 언어의 객체적 진리 찾기라 할 것이다.

이번 작품집에 시편마다 철학적 의미의 자기 성찰이 펼쳐지며 자연생태를 넘어 종교와 철학의 전체와도 관계를 맺고 자연과 인간 간의 이중적 관계를 설정하여 상호작용의 효과를 발현시켜 정송전 시인만의 귀거래사를 펼친다.

1. 내적이면서 초월적인 성찰 행위

시인에게는 본성적으로 자신을 되돌아보는 특성이 있다. 그런 의미에서 시인은 성찰의 존재라고 할 수 있다. 성찰은 빛을 자신에게 되비치게 하는 행위를 뜻한다. 그 빛은 시인이 존재의 의미에 따라 결단하는 것, 다시 말해 자기 온몸으로 결단한 궁극적인 의미다. 있다는 것의 의미를 근원적 관점에서 설정하고 의미의 빛을 현재에서 행하는 모든 행위의 기준으로 설정한다.

정송전 시인은 이점에 능숙하다. 자연 속에서 자신을 발견하기, 삶의 여정에서 잊었던 길 찾기, 역사의 길목에 서서 과거와 현재를 분류하고 자기 결단의 빛을 찾는다. 도시의 삶을 피해 한적한 산자락에 농막을 짓고 농부의 삶을 관찰하며 자연과 하나가 되는 체험에 그치지 않고 인간을 이해하기 위한 종교적 해명과 함께 내적이면서 초월적인 성찰을 보인다.

　　가을걷이 끝난 들녘에
　　저녁노을이 가득하다

가뭄 웅덩이에 그물망 걸으려고
논둑길을 가다가
배를 못 채운 백로 한 마리를 본다

잽싸게 내닫거나 덮칠 듯
한쪽 다리를 들고 서 있다

애절한 저 집중
흐트러짐의 무게에 식은땀이 난다

가뭄 들어 피라미는 보이지 않지만
땅속에 숨었던 미꾸라지는
물보라를 친다

나는 백로 앞에 서 있고
노을이 백로를 덮는다

백로는 물속의 그림자를 보고
나는 백로의 숨소리를 듣는다

가다가 보다가
산다는 건 기다림뿐이다.
　　　　　–「백로의 숨소리 듣다」 전문

백로는 모가지가 길다. 길 뿐만 아니라 구부러져 있다. 먹이를 낚아채는 속도를 얻기 위하여 뒤로 젖혀져 있으며 가느다랗다. 그런 목으로 숨을 쉰다는 것은 사람과는 비교가 되지 않고 더 힘들다. 또한 두 다리가 물속을 걷기 편하게 길고 가볍다. 원래 철새였으나 이제는 기후 변화로 인하여 텃새가 된 종이다. 사람 가까이 살며 해충이나 물고기를 잡아먹고 사람에게 친숙한 새다. 예로부터 백로에 대한 노래가 많은 것은 이 때문이다.

그러나 백로는 사람에게 이중적인 성격을 보여준다. 겉은 흰색이지만 피부는 검은색을 띠어 이간질에 능하고 술수를 잘 부리는 사람의 대명사가 되었다. 옛시조에 "겉 희고 속 검은 건 너 뿐인가 하노라" 시구를 보면 자연상태를 이해하는데 선비들의 지혜는 이채롭다.

정송전 시인은 농촌생활에 적응하며 늘그막으로 흘러가는 삶을 성찰하는 시간을 보내면서 사람과 자연이 하나라는 것을 깨쳐 가는 중이다. 혼연일체의 자연에 거스르지 않는 순응하는 삶의 태도를 보여 준다. 한 폭의 그림이 펼쳐지는 듯 장면을 연출한다. 빈 들판 웅덩이에 고인 자연의 생명을 얻으려고 망을 들고 나섰다가 백로의 끈기 넘치는 긴장감을 본다. 위급할 때 금방 도망치려는 자세에서는 삶의 치열함을 보았고 먹기 위하여 참아내는 삶의 의지력에 감탄한다. 사람도 자연 속에 살아가므로 언제나 긴장의 끈을 놓치지 않지만 그것을 느끼지 못한다. 주위 사람들만 보이고 이기든가 지든가 하나를 선택하는데 황량한 자연 속에서 삶을 포기하지 않는 백로와 하나가 되는 순간을 맛본 것이다.

숨소리는 옆 사람에게서 알아채지 못한다. 함께 숨을 쉬기 때문에 자기 숨소리와 더불어 지나친다. 그것을 넘어 자연 속에서 자연체의 숨소리를 듣는다는 건 깨달음의 경지다.

여기에서 시인은 자신이 자연이며 자연이 자신임을 깨우쳐 삶은 독자적으로 존재할 수 있는 실존이라는 것을 알게 되었다.

노을 지는 들길을 혼자 걷다가
가물거리는 지평을 흔들어 본다

어린 시절 길을 헤맨 적이 있었지
낯선 길 상엿집을 보지 않으려
눈 감고 걷다가 넘어져 겁먹던 기억

흐리지 않은 눈
흔들리지 않는 눈빛
그토록 창창했던 자
돌이켜 보면 하나같이 빈껍데기뿐

온갖 허물을 벗어 놓고 가야지
일상의 사소한 일이 시작된다

거듭날 그 무엇을 찾다가
잡초가 짝인 듯 변형된다

장맛비에 씻긴 벼랑 끝
생장을 멈추고 꽃을 먼저 피운 풀꽃
가뭄 탓을 않는 추스름이여

휘둘리지 않으려 안간힘 다하는
저 속사정을 그 누가 알랴.
　　　　　－「뒤돌아보는 것」 전문

삶은 후회의 연속이다. 잘한 일도 지나고 나서 더 잘할 수 있었을 텐데 하고 못 한 것은 왜 그렇게밖에 못 했을까 하는 후회에 통탄을 거듭하지만 다시 시작했을 때 그것을 극복하지 못하고 다시 후회한다. 이것은 누구나 같다. 성인이라 할지라도 후회를 거듭하게 되는 게 인간이다. 이전의 잘못을 깨닫고 뉘우치는 일은 허다하므로 통탄할 일은 아니지만 막상 당하게 되면 누구나 가슴 치는 후회, 반성은 그래서 필요하다. 언행에 대한 잘못이나 부족함이 없는지 돌이켜 보는 일은 가능할 것 같지만 전혀 아니다. 뭔가 잘못했다면 반성하는 자세를 가져 다시는 후회할 짓을 범하지 않아야 하는데 보편적인 삶은 그렇지 못하다. 계속된 잘못을 저지른다. 산다는 것은 후회와 반성을 거듭하는 일일지도 모른다. 지성은 지식을 찾는 능력이나 그 결과를 말하는 게 아니다. 다른 삶과 함께하고 함께 느끼는 마음과 감성이며 미래를 꿈꾸고 결단하는 의지까지 포함하는 개념이다. 그런 지식인들도 후회의 연속으로 살아간다. 오히려 지성인이 더 많은 잘못을 저지른다. 그것은 잘못의 잣대가 더 명확하기 때문이다.

정송전 시인은 저녁노을에 서서 삶을 성찰하며 지나온 잘못을 뒤돌아본다. 그렇게 많은 허물이 있었는지 자신도 의아할 정도로 많다. 모든 것이 후회로 점철된 삶, 거듭날 그 무엇을 찾다가 잡초에 쌓인 듯 변형되어 다시 제자리로 돌아왔지 않았을까. 이제 그 무엇으로도 되돌릴 수 없으니 가슴이 오그라드는 심정이지만 어쩌랴. 삶이 그런 것인데, 휘둘리지 않으려는 몸부림을 훤하게 보일 수는 없지만 속사정을 모르는 대중은 겉모습만 보는 것이 아닌지, 개개인의 삶은 비슷하지만 전혀 다르다. 환경 여건에 따라 성장과 사유가 다르기 때문에 삶은 같을 수가 없다. 그런 이해력 속에 삶을 뒤돌아보며 삶을 천착하는 일은 시인만이 가진 고유함이다.

　　마음 다잡지 못하고
　　제 성깔에 물들다가도

　　밤이슬에 발길 젖어
　　몸을 가누지 못해도
　　당신 일상의 중심은 고요하오

하늘하늘 잦아드는 불빛
이 어찌
작은 한시름 모른 척할 수 있겠소

그 속의 잊고 잠든 포근함 위로
구름 한 조각 질러가며
밤은 자유를 날리오

아무 때라도 그 언제라도
참 멀리 결국
나는 당신에게 날리오.
　　　　－「밤은 자유를 날리오」 전문

　현재는 과거의 경험과 결단할 미래가 담긴 자리이며 그 과거와 역사와 미래가 만나는 터전이다. 감성과 이성이 초월을 향한 정신과 함께 작용하여 넓은 의미에서 지성이라 부른다. 인간이 의미 있는 현재를 만드는 일은 지성으로서만 가능하다. 현재를 성찰하는 지성, 그것이 바로 올바른 삶의 가치를 만드는 것이다.
　지성은 어디에서 오는가. 사물을 개념에 의하여 사고하거나 객관적으로 인식하고 판정하는 오성적 능력이나 그 정신의 기능에서 지성은 찾아진다. 그래서 지성이 없는 사람을 몰지각하다고 하며 통념의 사회에서 제외한다.

시인은 지성을 가진 초월적인 존재다. 그 초월의 힘은 밤낮을 가리지 않지만 조용한 밤의 사색에서 찾는 이가 많다. 모든 사람의 삶을 비춰보는 능력이 탁월하기에 사물의 연속적인 변화에서도 놓치는 것이 없이 삶을 살펴 연구한다.

정송전 시인은 마음을 다스리지 못하여 제 성깔에 물들다가도 조용해진 밤이면 중심을 잡는다. 그것은 부부간의 갈등이나 부모와 자식 간의 불화, 친구와의 갈등에서도 오지만 자신의 감정에서 오는 경우가 많다. 자신을 이기지 못하는 것이다.

시인은 이런 모든 것의 흐트러짐을 당신, 배우자로부터 잡는다. 당신이 있기에 모든 것이 제자리를 찾고 당신으로부터 삶의 희망을 얻는다고 고백한다. 이것은 아주 중요하다. 힘이 들수록 부부의 존재가치는 커지며 삶의 길은 부부로부터 찾아진다는 것은 만고의 진리다. 하지만 대부분 잊고 사는 게 문제다. 너무 가까워 존재를 잇는 것이다. 부부는 하나지만 둘이다. 절실히 느끼는 사람이 적을 뿐이다.
 시인은 모든 것의 귀결을 아내로부터 찾아내어 사랑의 깊이를 느낀다. 아무 때라고 그 언제라도 아무리 멀리 있어도 찾아가는 자유, 구속을 모른 사랑의 힘으로 당신의 위치를 확인하는 시인은 참사랑을 가졌다.

2. 자기를 이해하고 해석하려는 방법 찾기

 어떤 경우든 결과와 과정, 현실과 이념 사회의 모순을 중재하고 수정해야 할 시인의 의무는 무시되고 있는 것이 사실이다. 인간의 역사는 이러한 모순과 씨름하면서 더 나은 삶과 사회를 만들어가는 노력의 과정이고, 삶과 모순이 펼쳐지는 대결의 중심에 현재가 있음을 알지 못한다.
 시인은 우리의 현재를 성찰한다. 과거를 존재의 빛으로 해석하여 그것에 의미를 부여하고 미래를 결단하고 기획하며 그것을 위하여 현재의 삶을 바꾸고자 노력한다. 현재의 삶이 인간을 인간답게 살아가게 하는 지금이라는 시간과 여기라는 공간으로 분류하여 성찰의 시간을 만들어간다. 인간이 자기를 이해하고 해석하는 방법을 찾는 것이다.

   시인의 존재는 그래서 큰 자리에 서 있어야 한다. 하지만 현실은 그렇지 못하고 정송전 시인은 그것을 타파하려고 노력한다.

> 어디쯤 가고 있는지
> 얼마나 남아 있는지
> 알 수 없는 나날
>
> 저무는 듯
> 바쁜 듯
> 닿을 수 없는 맞바람
>
> 옷깃에 얼룩진 그대
> 뒷모습
> 멀리 날려 보내네
>
> 밤이 내게로 와
> 말없이 깊어져 가고

사는 모습마다
목소리에 배어 있네.
　　－「날이면 날마다」 전문

　개인의 삶은 그 사람이 어떠한 미래를 꿈꾸는지에 따라 달라진다. 오늘의 삶은 내일을 향한 것이기에 꿈꾸는 미래가 현재의 방향을 결정하고, 미래를 결정하는 오늘에는 지나간 삶의 경험과 기억이 자리한다. 그래서 현재에는 꿈꾸는 미래와 기억하는 과거가 함께 공존한다.
　현재의 삶은 과거를 돌아보고 꿈꾸는 자리라서 해석과 결단의 순간이기도 하며 과거의 기억을 객관적으로 바꿀 수는 없지만 현재를 해석하기에 따라 과거의 의미는 달라진다.
　과거는 닫힌 시간이 아닌 현재에 의해 끊임없이 해석되는 열린 시간이다. 삶을 돌아보는 것은 누구나 같을 수밖에 없으나 과정이 다르기 때문에 그림으로 나타나는 결과는 다르다. 경험과 해석이 되살아나지만 결단의 틀은 크기와 무게가 다르기 때문이다. 시인은 지성을 갖춘 성찰의 화가라고 할 수 있고 끊임없이 사회를 정화시키려는 의도를 가진다. 그러나 자신의 성찰 과정을 알 수 없다면 시인으로서 삶을 이끌어가야 할 의무를 저버리는 행위다.

 정송전 시인은 그 의무를 다하고 있다. 현재 어디쯤 가고 있는지, 얼마나 남았는지를 알 수 없는 나날에 바람 앞에 서서 옷깃에 얼룩진 나의 뒷모습을 바라보며 맞이하는 밤은 허무하다.

 삶의 전부가 회한에 젖어 밤을 새워 되새겨 보지만 이제는 되돌릴 수가 없다. 떠나보낸 사람도 떠나간 인연도 손닿을 듯 가까운데 자꾸 멀어진다. 지나오며 밟은 땅의 크기와 산의 높이, 안착하여 살았던 곳도 회한에 쌓이게 한다. 살았던 모습마다 베인 목소리는 더 크게 들리는 이유는 무엇일지. 날이면 날마다 온몸으로 젖어 울어도 모자랄 지경이다. 삶은 그렇다. 기억할 수 있는 능력을 부여받은 직후부터 사람의 숙명이다.

  눈망울 총명하던 시절
  모깃불 곁에 누워 별 세던 때보다
  나이 들어 더 많은 별이 보인다

숨어 있던 그리움
숨바꼭질한다

사방에 어둠의 장막을 치고
나를 가둬 별이 되라 하지만
이정표를 가려 낯설기만 하다

밤이면
은행잎이 유성을 따라 일제히 떨어진다
별들이 쏟아지다가
서로 부딪혀 부싯돌에 박힌다

쇠죽솥에 함박눈 한 바가지 퍼다 넣고
눈 냄새 맡던 어린 시절
어디쯤 머물고 있을까

젊은 날에는 한 번 본 자리도 안 보이더니
이제는 가고 있는 것이 다 보인다.
　　　　　　　　　－「잊고 있던 별」 전문

　은하수에는 사람으로서는 헤아리지 못하는 별이 존재한다. 소멸과 생성을 거듭하며 우주 전체를 별로 덮었으나 우리가 볼 수 있는 별은 눈 앞에 펼쳐진 곳에만 가능하다. 수억 광년 떨어져 있는 별을 사람은 가슴에 품고 동경하며 미래의 꿈을 꾼다.

인간은 언제부터 시작되었는가는 인류학자들이 아니라도 누구나 한 번씩은 생각하지만 과학자들도 아직 풀지 못하고 있다. 한데 그보다 더 큰 우주의 생성과 별의 탄생은 꿈속 저편에 있는 상상이다. 자연과학의 해석으로도 아직 먼 현실에 사람은 별을 보며 꿈을 그릴 뿐이다. 그런 별에 대한 동경은 어렸을 때 유독 강하다. 동산 위에 가득한 별 무리가 일시에 떨어져 덮치는 환상을 겪어 보지 않은 사람은 없을 것이다.

정송전 시인의 별은 유독 커다랗다. 그 시절의 인물들은 대개가 농경 생활 속에서 살아온 결과지만 산골 소년은 골짜기 사이의 하늘에서 밤하늘을 꽉 채운 별 무리에 갇혀 있었다.

그런데 지금 그런 별이 없어졌다. 전혀 보이지 않는다. 그런데 강력하게 떠오르는 이유는 무엇일까. 보이지 않는 데 확연하게 떠오르는 별, 하나하나 이어져 어울리던 별자리까지 눈앞에 어른거리는 현상은 무엇인

가. 별은 내 있는 자리가 어두워져야 잘 보인다. 사방이 어둠에 잠겨 있을 때는 가만히 있는 별의 움직임이 보이고 빗발치는 별똥별도 보인다. 부싯돌에 반짝이는 불빛으로 토방에도 마당에도 난무한다.

부모를 도와 쇠죽 솥에 눈 한 바가지 퍼 넣고 쭈그리고 앉아 불을 지피던 시절은 삶의 저편이지만 현실과 마찬가지다.

시인은 그 시절이 그립다. 배고프고 고달팠지만 아름답다. 온갖 풍상을 겪어온 뒤 이제는 젊음을 잊었다. 원하지 않은 늙음이 찾아왔다. 사방의 어둠이 보인다. 그래서 하늘의 별은 더욱 훤하게 보인다. 내가 어두워져야 더욱 빛나는 별, 고행의 시간이었지만 그 시절로 돌아가고 싶은 시인은 지금 별이 흐르는 눈물을 적시고 있다.

    혜목산 기슭에 농막을 지어 놓고
    흘러가는 구름과 푸르른 산
    산새들의 놀이터로 밤낮을 맞는다

    눈 속을 헤쳐 흙을 만져 보지만

고달사지 폐허에서
말 없는 온기가 뜨겁게 솟구친다

저토록 허물어진 바탕에서
사계절은 바뀌어
역사의 흐름을 이끌어 가는지

봄 여름 가을 겨울
우주 속 사람의 성정으로는
하나의 은하가 아닌가

계절은 게으름 없이
봄이면 푸르름 창궐하고
여름이면 잎이 무성하여
가을을 풍성하게 이뤄 놓고
겨울엔 비로소 우주가 된다

계절은 밤낮없이 뛰고 달려왔나
고달사지 가로질러 가는 구름은
맨발의 동자승 형상으로
혜목산 산정을 넘어간다

사계절 따라 찍은 삶의 발자국

되돌아보다 선 숲속에
새롭게 그려 넣는 설계도엔
서로의 안녕을 빈틈없이 그려야겠다.
　　　　－「혜목산 귀거래사」 전문

　도원명(365~427)은 41세에 관직을 박차고 고향으로 내려간 소회를 노래하여 후대에 이름을 떨쳤다. 관리 생활을 마친 심경, 집에 도착한 기쁨을 노래하고 농경 생활의 철학을, 자연의 섭리에 맞춰 사는 게 사람의 가장 큰 행복이며 가치가 있다고 판단하고 고향에 돌아와 전원생활을 즐기며 문인들과의 교우를 쌓았다.
　노장사상의 영향을 받아 자유와 평안을 노래하며 입신양명에 눈이 멀어 금권을 좇아 타락하는 관료 사회에 대한 염증을 느끼고 반작용으로 자연을 접하는 아름다움과 자연의 섭리에 따라 살아가는 기쁨을 노래한 것이다.
　사람은 자연의 일부다. 어떠한 순간에도 벗어날 수 없는 자연 속에서 개개인의 삶을 맞춰간다. 하지만 대부분 자연을 잊고 살면서 자연의 우위에 있다고 오해한다.

현대인의 삶에서 자연이 차지하는 비중은 아주 적다고 판단하는 것은 큰 오판이다. 만약에 자연을 떠난다면 숨 한번 쉬지 못하고 소멸한다. 문명이 발달할수록 자연에서 받는 혜택은 그만큼 커진다. 점차 자연으로 돌아가자는 구호가 활기 있게 펼쳐지고 어느 정도의 문명을 벗어난 사람들이 증가하고 있는 현실에 정송전 시인은 자연으로 돌아가 전원생활을 펼치고 있다.

한데 도원명과는 다르다. 부패한 관직이 싫어서 도피한 것이 아니다. 평생을 후학들의 교육에 헌신하고 업적을 쌓은 뒤 말년의 편안을 얻기 위해 과감하게 도전하였다.

혜목산은 천년 사찰 고달사를 품은 아늑한 산이다. 나지막하게 펼쳐져 사방이 고요하고 평화롭다. 전화를 입은 고달사가 흔적만 남아 있어도 사찰의 역할을 다하는 최고의 길지다.

시인이 이곳을 선택하고 노후의 보금자리로 마련한 것은 성공적이다. 시인답게 삶을 비춰 내는 거울이 되어 과거와 현재, 현재와 미래에 대한 새로운 꿈에 도전하였다.

작은 농막을 지어 놓고 흘러가는 구름과 푸르른 산에 젖어 산새들의 노래 따라 장단을 맞추는 일을 상상해 보자.

사람이 사람답게 산다는 것이 바로 이런 장면이 아닐까. 더구나 그 자리는 천년을 지켜 온 불교의 성지라 할 수 있다. 저절로 평온이 찾아온다. 흐름을 멈추지 않는 계절의 변화에서 우주의 섭리를 깨우치고 속세를 떠난 동자승이 되어 보는 것은 꿈이다.

정송전 시인은 그런 꿈같은 생활을 하고 있다. 얼마나 부럽고 보람된 일인가. 지나온 삶을 되돌아보며 새로운 터전에서 모든 사람의 안녕을 기원하며 세월을 낚는 시인이 부럽다. 표제 시로 이 작품을 선택한 것도 이러한 뜻이 담겨 있기 때문이다.

3. 자연의 거울로 비춰 보는 인간상

'인간이 언제 인간이 되었는가'는 질문에 자연은 어떤 대답을 할까를 생각해 본다면 인간 자신의 해석밖에는 들리지 않는다. 인간은 저절로 인간이 되었다고 생각하기 때문에 자연을 도외시한다.

그러나 삶에 있어 자연은 인간의 거울이다. 자연의 모든 것을 모방하여 이룬 과학은 인간이 소유하지만 자연의 것이다. 종교나 인문학, 철학과는 확연히 다른 것이 자연이고 인간의 품성을 만들어 낸다. 인간을 정신적 지주로 간주한 철학은 육체에 매어 욕망에 빠진 사람들을 경멸하고 정신적으로 고귀한 사람을 우러러본다. 동서양을 막론하고 이러한 경향은 다르지 않다. 근대의 계몽주의 역시 인간을 이성적 존재로 정의한다.

그러나 자연은 모든 것의 근원이다. 종교와 철학, 과학이 아무리 발달한다 해도 자연을 벗어날 수 없다.

정송전 시인은 자연을 거울로 하고 삶의 철학을 자연스럽게 펼친다. 어느 작품이든 억지를 부리지 않고 언어의 순수성을 지닌 채 삶의 방향을 제시한다. 시인만의 특징이다.

> 우리 아이들은 태어난 지 한 달 후부터 아침이면 엄마 아빠가 없었다 온종일 돌봄 할머니랑 빈 하늘 빈 들녘만 바라보다가 잠이 들었다 깨었다 돌봄 할머니도 낯 익혀지면 가고 또 오고 그렇게 바뀌고 또 바뀌었다

여주 이포 궁말 시골 동네 큰아이가 서너 살 때 출근하는 엄마 치맛자락을 붙잡고 울며 따라가겠다고 떼쓴다 엄마도 울며 논둑 지름길을 따라 학교로 가곤 했다 참외 곳곳인 동네 퇴근하며 보면 불룩 나온 배에 참외 씨가 붙은 채 세발자전거를 밀고 다니다가 팽개치고 단숨에 솔가지 막대기를 들고 비탈길로 뛴다 아빠 소리치며 넘어진다 석양빛 들고 퇴근하는 오토바이가 보이면 잰걸음으로 와 오른다 엉덩이를 들어 발을 구른다 얼마나 뛰뛰빵빵 했을까요
아이가 말을 할 줄 알았지만 엄마 아빠에겐 묵묵부답이다 나름 돌봄의 눈빛에 철이 들었나 보다 아침이면 엄마 아빠가 없는 이유를 알 턱이 없어 말은 하지 않아도 밤이 참 좋았을 것이다 엄마 아빠 기척 소리에 눈물 그득 고인 눈으로 웃어주던 어린 마음이 얼마나 헷갈렸을까
작은아이 초등학교 1학년 체육대회 날 수업을 올려 4교시 하고 단걸음으로 학교에 가니 다른 아이들은 엄마 할머니가 싸 온 도시락이며 맛있는 음료수를 먹고 있을 때 내 아이는 물 한 모금 마시지 못하고 땀범벅이 되어 엄마를 반겼다 애처롭고 안쓰러움에 눈물이 났다 체육대회며 소풍날 한 번도 따라가 본 적이 없어 성장한 이후에도 온통 미안함뿐이다 엄

마 아빠는 다른 아이들을 가르치면서 내 아이들은
위탁 육아로 성장시켰다 이제 한세월 돌이켜 생각
하니 텅 빔이다.

― 「위탁 육아委託育兒」 전문

정송전 시인의 인생 역정을 가장 잘 나타낸 작품이다. 평생을 교편에 몸담아 후학을 가르친 업적을 이뤘으나 개인적으로는 얼마나 힘들었고 회한의 시간이었는지를 보여 준다. 더구나 부부가 동반으로 교직에 따랐으니 그 과정은 조금의 순탄함도 없었을 것이 틀림없다. 그때는 그러려니 하고 지냈지만 아이들이 철들 무렵부터는 어떠했을지 감이 잡히지 않는다.

눈 감고 그림을 그려 보자. 박수근의 '아이를 업은 어머니' 모습이 아니더라도 고향의 정취 속에 빠질 수 없는 아이들의 모습은 어머니라는 존재를 따뜻하고 성스럽게 떠올린다.

아무리 큰 칭송을 해도 어머니는 위대한 지고무상의 존재다. 그런 어머니 품에서 곱게 자란 아이들은 커서 어머니의 인자함과 자상함을 그리며 삶을 영유한다. 부모는 그런 존재다. 아이들이 의지하고 전부를 맡기는 생존의 안식처다.

부모는 아이들에게 어떻게 가르치고 보살폈다고 하여도 항상 모자라게 생각한다. 그렇게 사람은 이어 왔고 이어 갈 것이다. 한데 부모가 자식에게 잘하지 못했다는 회한의 눈물을 흘린다면 슬픈 일이다.

부모는 낳아준 은공만으로도 우주를 다 줘도 모자란다 하지만 실제로는 모든 부모가 자식에게 못 해줬다고 후회한다. 떠올릴수록 가슴이 먹먹해진다.

정송전 시인은 부부 교사로 학생을 가르치는 일에 전력을 다했다. 그런 부부가 아이들을 어떻게 키웠을까. 현재처럼 육아휴직 제도가 연약했을 때의 부부는 날마다 치맛자락을 붙잡고 따라 나오려고 우는 아이들을 달래느라 아침을 소란스럽게 보냈을 것이다.

실로 위대한 행보다. 풍족하지 않은 시절에 전문 위탁모를 제대로 구하지 못하고 동네 할머니나 친척에게 부탁하여 그때그때를 모면했을 것이다. 그때의 부모는 다 그랬다고 할지라도 노후에 큰 아이들을 마주칠 때마다 회한에 젖어 먹먹했을 것이다.

그러한 회한의 장면을 가감 없이 솔직하게 써 내려간 시인은 원고지에 눈물을 적셨을 것이 틀림없다. 시인을 떠나 부모의 여정을 담백하고 솔직하게 그려 낸 작품은 감동을 주고 그때의 삶을 돌아보게 한다.

> 당신의 파마머리가 다 풀려
> 하루가 다르게 보인다
>
> 당신의 말 없는 일상이
> 내 마음에 와 머문다
>
> 당신에게 시치미를 뗀 일
> 애틋하게 삭이는 당신
> 그렇게 풋풋했던 이맛전이
> 수척해 보일 때
> 천근 짐이 되어 떨어진다
>
> 말 많은 사람들 세상을 굽어보면서
> 계절은 겨울을 지새워
> 햇살 한 줌 퍼 담을 때
> 나는 체온을 묻혀 바람이 된다
>
> 기상도에 예민하게 하늘 한 자락
> 흙의 포근함을 엿볼 수 있는 공간

바람은 애달아 자지러지며
심장의 소리로 밤을 새운다

당신은 나의 길에
나뭇가지 흔들던 바람의 손아귀를
가로막고 골목을 서성인다.
　　　　　－「당신의 일상」 전문

　가시버시라는 말은 부부의 순수한 우리말이다. 부부를 겸손하게 이르는 말로 경제적으로 공동생활을 하며 자녀를 양육한다. 사랑이라는 인류 최대의 말을 앞세워 남자는 아내를 존중하고 여자는 남자를 이해하여 주는 것을 원칙으로 하는 사이다.
　부부의 도리는 역사 이래로 같다. 아무리 문명이 발달하여도 근본적인 원칙은 다르지 않다. 좋은 부부는 서로의 단점에 대한 불평보다는 장점에 대한 감사하는 태도를 가지며, 다른 사람 앞에서 상대를 칭찬하는 것을 잘한다. 규칙적인 생활을 함께하고 유머 감각과 건강을 유지해야 좋은 부부다. 돈으로 살 수 있는 게 아니며 정성을 다해도 여건이 맞지 않으면 헤어지기도

하는데 현재에 와서는 이혼율이 30%를 넘는다는 보도가 있어 안타깝기 그지없다.

부부 사이에 가장 이로운 것을 꼽으라면 실수에 사과하는 것, 욕이나 상처를 주지 않는 것, 모든 것에 책임을 지는 것들이 있으나 최고의 방법은 서로를 유혹하는 몸짓이다. 그 유혹의 몸짓은 성에 대한 것의 차원을 넘어야 한다. 아픔이 보이면 안마를 해주고 배고픈 듯하면 먹을 것을 주고 생활의 모든 것에 관심을 보여주는 유혹이다. 여자의 유혹은 자연스럽다. 화장하고 아름다운 옷을 골라 입고 분위기를 잡는다. 남자의 유혹은 단순하다. 몸짓을 하기 전에 갖은 말로 위로하고 관대한 아량을 부린다. 이렇게 서로를 관심의 대상에 둬야 부부가 약속한 해로의 길이 가능하다.

정송전 시인은 결혼 50주년을 눈앞에 두고 있다. 그동안 교직에 있으면서 낮에는 떨어져 지냈고 핸드폰이 없던 시절에는 서로의 안부가 궁금하여도 소통을 제대로 하지 못했다. 그 아내가 긴장이 풀어졌다 출근하며 다듬던 머릿결이 흐트러져 있고 말이 적어졌으며 함께 있어도 외로움을 탄다.

시인은 그 모습에 가슴이 탄다. 시치미 떼며 모면했던 일, 무엇 하나 챙겨 주지 못한 회한만 든다. 나이 들어가는 자연스러운 모습이 아닌 무엇인가 불만의 몸짓이 아닌지 불안하다. 이것은 정상적이다. 사람은 늙어감에 따라 변하고 그 변화는 서로의 무관심에서 오는 게 아닌 삶의 감각이 떨어졌기 때문이다. 걱정할 일이 아닌 자연의 현상이지만 시인의 자상함은 사랑의 몸짓을 보낸다. 부부는 오래 살수록 아름다워진다. 젊음을 잃어가지만 삶의 길을 함께한 세월의 무게가 그렇게 만든다. 아내를 사랑하는 남편은 아름답다.

어제로 가는 길목에 서서
오늘이 아침을 맞는다

내 시야는 물결에 구겨져
무엇에 집착함도 없이
어디에 안착시킬 방도가 없다

지평선이 하늘로 다 가버렸는데
생트집 잡는 목소리에
하루를 시작한다

오늘은 안개에 젖으며
눈길만 허우적대는데

욕망은 모를 리 없거늘
순식간에 저질러지고 점점 더디 변한다

하루가 몽그라지는 안개 속이라
손짓으로만 밤낮을 전한다.
― 「어느 길목에서」 전문

  삶의 길은 험난하다. 방 안에 가만히 앉은 삶이라도 그 나름의 험난함이 있고 권력을 가질수록 더 크다. 세상 모든 사람의 행복한 정도를 물어보면 가난한 사람일수록 행복도가 높았다. 욕망의 크기대로 부자가 되기도 하지만 그만큼의 대가가 따르고 욕망이 적을수록 가난하지만 그만큼의 행복을 가진다는 말이다.

  한마디로 행복은 욕망에서 오는 게 아니라 욕망을 버리는 평온에서 온다는 뜻이다. 많이 가지려는 것은 인간 공통의 근본이지만 그것을 이뤄내는 데는 수많은 우여곡절을 겪어야 하고 부작용이 따른다.

성인은 욕망을 버린 사람을 말하지만 역사 이래로 몇이나 성인이라 불리는가. 그만큼 어려운 게 삶이다.

정송전 시인은 겉보기에는 평탄의 길을 걸어온 듯하다. 그러나 사람들이 원하는 목적을 위하여 얼마나 큰 노력을 기울였는지 본인밖에 모른다. 누구도 남의 사정을 헤아리기 쉽지 않기 때문이고 알 필요가 없다. 멈춤 없이 돌아가는 지구에서 자신의 위치를 알아내고 만족하는 사람은 없다. 심지어 자신의 길이 어딘지도 모르는 게 사람이다. 어디만큼 왔는지 어디로 가는지를 알면 성공한 사람이다.

정송전 시인은 성공한 사람이다. 지금의 위치를 정확히 파악하고 눈앞에 펼쳐지는 내일의 그림을 볼 줄 안다. 오늘은 안개에 젖었으나 욕망을 털어냈으니 성공한 삶이다. 자연에 삶을 비춰 보는 능력이 없다면 불가한 일을 시인은 해냈다.

4. 실제의 삶과 일치하는 귀거래사

정송전 시인의 귀거래사는 실제의 삶과 일치한다. 가식이 없으며 확장의 포장이 보이지 않는다. 무의미에 빠지지 않고 삶의 의미를 성찰하며 내면적이면서 초월적인 성찰 행위를 멈추지 않았다. 자신을 돌아보는 일에 충실하다면 누구나 이뤄낼 것 같아도 그런 사람은 몇만 명의 하나다.

  현재는 과거의 경험과 결단이 담긴 자리라는 것을 정확히 파악하고 자신을 이해하고 해석하는 길을 찾아냈다. 어디쯤 가고 있는지 얼마나 남았는지를 안다는 것은 모든 사람이 추구하지만 그것은 시인만이 할 수 있다. 이것은 자연을 떠나서는 이뤄내지 못하는 어려운 일이다. 자연의 거울에 자신을 비춰 삶을 성찰하는 시인은 전체 인간상을 자신의 잣대로 그린 것이 아니라 자신을 거기에 동화시켜 정확한 인간상을 그려내었다.

  시력 63년이 넘는 시인이 자연과 인간관계를 이해하고 동화되고 있으니 더 많은 작품을 진솔하게 탄생시키리라 기대한다.

■ 찬가

고달사의 푸른 달빛

작시 Lyrics 정송전 Jeong Song Jeon
작곡 Composition 최선기 Choi Sun Gi

원종대사 정토발원 삼국통일 기원하던
혜목산 고달사지 석등 위에 불을 켰네
천년 바람 다시 와서 시절 인연 묻고 가는
그리움에 풍경소리 홀로 울다 다시 가네
부처님의 진여 법문 언제 다시 듣게 되나
범종 소리 스며들던 산자락엔 소슬바람

임진란에 불에 타서 흔적 없는 고달사에
석등 하나 홀로 서서 천년세월 불을 켰네
원종대사 탑비 안고 울고 있는 저 바람은
우주 법계 윤회하다 언제 다시 돌아오나
역대조사 천하 종사 선지식을 찾아 나서
쇠 북소리 잦아들던 혜목산을 일깨우네

밤하늘을 홀로 가는 푸른 달빛 형형하고
천년 가람 중창 원력 제 불보살 찬양하네

고달사의 푸른 달빛

작시 Lyrics 정송전 Jeong Song Jeon
작곡 Composition 박수진 Park Soo Jin

원종대사 정토발원 삼국통일 기원하던
혜목산 고달사지 석등 위에 불을 켰네
천년 바람 다시 와서 시절 인연 묻고 가는
그리움에 풍경소리 홀로 울다 다시 가네
부처님의 진여 법문 언제 다시 듣게 되나
범종 소리 스며들던 산자락엔 소슬바람

임진란에 불에 타서 흔적 없는 고달사에
석등 하나 홀로 서서 천년세월 불을 켰네
원종대사 탑비 안고 울고 있는 저 바람은
우주 법계 윤회하다 언제 다시 돌아오나
역대조사 천하 종사 선지식을 찾아 나서
쇠 북소리 잦아들던 혜목산을 일깨우네

밤하늘을 홀로 가는 푸른 달빛 형형하고
천년 가람 중창 원력 제 불보살 찬양하네

혜목산의 바람소리

작시 Lyrics 정송전 Jeong Song Jeon
작곡 Composition 조영근 Cho Young Gun

아침 고요 멈춘 자리 안개구름 피어나는
천년세월 그 자리에 고달사의 저 자취여
원종대사 사자 후가 넘쳐나던 이 계곡에
범종 소리 대북 소리 함께 들던 혜목산아
탑비 위에 혼자 울며 소리치는 저 바람은
시절 인연 그리워서 소리 공양 간절해라

전란 속에 불탄 자리 불연 깊은 고달사에
언제 다시 대북 치며 붓다 향기 찬탄하나
혜목산정 언덕 아래 염불 소리 피어나던
서라벌의 기원사찰 고달사의 달 그림자
인연 지어 떠났다가 인연 따라 다시 와서
복원 불사 참회 염불 소슬바람 높이 우네

보살이여 붓다시여 역대조사 선지식이여
고달사지 복원 불사 서원하며 역사하오니
도우소서 임하소서 대원력의 가피주소서

혜목산의 향기

작시 Lyrics 정송전 Jeong Song Jeon
작곡 Composition 백승태 Paek Seung Tae

혜목산정 골 언덕에 뭉게구름 피어나고
인적없는 고달사엔 서성이는 옛 그림자
무차대회 수기 설법 원종대사 사자 후가
폭풍처럼 몰아치던 그 옛날의 이 골짜기
인연 지어 찾아왔다 향불 내음 젖어가던
불연 깊은 흔적 위에 아침 해가 찬란하네

육조 혜능 마조 도일 남종선 법 법통 이어
봉림산문 진경 심회 선법 이은 원종 국사
바른 법이 무엇이냐, 평상심이 대도이라
원종대사 대통 법문 혜진 탑비 두드리네
바람처럼 찾아왔다 바람처럼 스러져 간
그 시절의 달그림자 혜목산에 걸려있네

범종 소리, 대북 소리, 울며 자던 골짜기에
언제 다시 울려 올까? 그 시절의 사물 소리

鄭松田 시인

- 1962년《시와 시론》으로 등단.
- 서라벌예술대학 문예창작과 졸.
- 중앙대학교 국문과 및 동 대학원 졸.
- 용인시 죽전중학교 교장, 한라대학교, 경기대학교 겸임교수 역임.
- 세계시문학회 회장 역임.
- 한국자유시인협회 본상, 세계시문학상 대상,
  경기도문학상 대상, 경기예술 대상, 한국작가문학상 본상,
  전국탄리향토문학상, 한국현대시인상 수상.
- 한국현대시인협회 지도위원, 경기도문학회 고문,
  한국작가협회 최고위원.
- 한국현대시인협회, 세계시문학회, 미당 시맥회 회원.

■ 시집
『그리움의 무게』, 『바람의 침묵』, 『꽃과 바람』,
『빛의 울림을 그린다』, 『내 이렇게 살다가』, 『바람의 말』,
『혜목산 귀거래사』.

■ 자작시 감상 선집
『그리움과 사랑의 되풀이』, 『자연과 우주의 너울』,
『내 삶의 소용돌이』, 『내 인생의 뒤안길』.

■ 한영시집
『숨은 꽃』, 『너를 맞아 보낸다』, 『꽃과 아내』, 『너와의 걸음걸이』,
『꽃이 아닌 꽃이』, 『돌아오지 않는 것을 위하여』.

정송전 시집

혜목산 귀거래사

초판 인쇄 2025년 7월 3일
초판 발행 2025년 7월 9일

지은이 | 정송전
펴낸이 | 김효열
펴낸곳 | **을지출판공사**

등록번호 | 1985년 2월 14일 제2-741호
주　　소 | 서울시 마포구 양화진길 41, 603호
우편번호 | 04083
대표전화 | 02) 334-4050
팩시밀리 | 02) 334-4010
전자우편 | ejp4050@daum.net

값 18,000원

ISBN 978-89-7566-246-1　　　03810

* 지은이와 협의하여 인지는 생략합니다.
* 잘못 만들어진 책은 구입하신 서점에서 교환해 드립니다.